Unnützes Wissen für Rom-Klugscheißer:

222 lustige & skurrile Fakten, die du nie wissen wolltest, aber lieben wirst - das ideale Geschenk für echte Rom-Liebhaber (inkl. Reisetagebuch)

ISBN: 9789403800066

Bevor's losgeht: Tief durchatmen.

Dieses Buch enthält eine Menge unnützes Wissen - und das mit voller Absicht. Wenn du nach streng wissenschaftlich belegten Fakten suchst, die man bei "Wer wird Millionär?" brauchen könnte, bist du hier vielleicht nur halbrichtig. Aber wenn du dich auf skurrile, überraschende und vielleicht auch mal bewusst übertriebene Beobachtungen rund um Rom einlassen kannst - dann herzlich willkommen!

Hier wird nicht mit dem Rotstift gearbeitet, sondern mit Humor, Neugier und einer Prise Selbstironie. Klischees dürfen auftreten, kleine Provokationen auch. Manche Infos bringen dich zum Lachen, andere zum Nachdenken, und wieder andere einfach nur zum Kopfschütteln - und genau das ist der Plan. Wenn dir inhaltlich etwas gefehlt hat: Schreib mir gerne - ich liebe Feedback und bin immer offen für Anpassungen (meine E-Mail findest du auf der letzten Seite).

Also: Nimm's nicht zu ernst. Hab Spaß beim Schmökern!

INHALTSVERZEICHNIS

Einleitung

Bestimmt hast du schon gehört, dass es über Rom eine Menge zu lernen gibt - über das Kolosseum, die Spanische Treppe oder den erstaunlichen Mix aus antiker Geschichte und modernem Leben...

Manchmal kann Lernen langweilig sein - aber nicht in diesem Buch! Hier findest du als Klugscheißer überraschende, witzige und völlig unnütze Fakten über Rom, die du garantiert noch nicht alle kanntest. Damit wirst du deine Freunde oder Familie sicher zum Staunen bringen.

Dieses Buch bietet dir eine kleine Auszeit vom Alltag - ganz ohne langweilige Geschichtsstunden oder trockene Fakten. Ganz egal, ob du schon einmal in Rom warst, eine Reise dorthin planst oder einfach nur neugierig bist - nach diesem Buch siehst du Rom bestimmt mit anderen Augen.

Also, worauf wartest du noch?
Nichts wie los!

Viel Spaß beim Lesen, Staunen und Weitererzählen!

KULINARISCHES

01: Cacio e Pepe – Drei Zutaten, ein Kunstwerk

Die römische Cacio e Pepe besteht nur aus Pecorino, Pfeffer und Pasta, aber ist trotzdem eine Geschmacksbombe. Der Trick liegt in der perfekten Emulsion - viele Touristen machen den Fehler, Sahne oder Öl hinzuzufügen.

02: Carbonara – Bloss keine Sahne!

Echte Pasta Carbonara enthält keine Sahne! Die cremige Konsistenz kommt allein durch Eigelb, Pecorino und Guanciale (gepökelte Schweinebacke). Wer Sahne oder Speck benutzt, begeht in Rom fast schon eine kulinarische Sünde.

03: Supplì – Roms Antwort auf Arancini

Die römischen Supplì sind frittierte Reisbällchen mit Mozzarella-Füllung. Sie werden oft als Snack oder Vorspeise gegessen und heißen auch „Supplì al telefono", weil der geschmolzene Käse beim Auseinanderziehen wie ein Telefonkabel aussieht.

04: CARCIOFI ALLA ROMANA – DIE ARTISCHOCKEN-LIEBE

Die Römer lieben Artischocken! Carciofi alla Romana werden mit Knoblauch und Minze in Olivenöl geschmort, während die jüdische Variante Carciofi alla Giudia knusprig frittiert wird – eine Spezialität des jüdischen Viertels.

05: MARITOZZO – DAS SÜSSE FRÜHSTÜCKSBRÖTCHEN

Ein Maritozzo ist ein weiches Brötchen, das mit Schlagsahne gefüllt wird. Früher schenkten römische Männer es ihren Verlobten – daher der Name, der von „Marito" (Ehemann) stammt.

06: GNOCCHI ALLA ROMANA – ABER NICHT WIE ERWARTET

Römische Gnocchi sind nicht aus Kartoffeln, sondern aus Grieß! Die Masse wird in Scheiben geschnitten, mit Butter und Käse überbacken – ein echtes Wohlfühlgericht, das traditionell donnerstags gegessen wird.

07: PIZZA AL TAGLIO – RÖMISCHES FAST-FOOD

Römische Pizza gibt es oft „al Taglio", also auf die gewünschte Größe zugeschnitten. Sie hat einen dünnen, knusprigen Teig und wird mit einer Vielzahl an Belägen serviert - von Kartoffeln bis hin zu Mortadella.

08: ABBACCHIO – DAS FESTTAGSLAMM

Abbacchio alla Romana ist ein traditionelles Ostergericht aus jungem Lamm, das mit Rosmarin, Knoblauch und Weißwein geschmort wird. Schon im antiken Rom war Lammfleisch eine Delikatesse für besondere Anlässe.

09: TRIPPA ALLA ROMANA – GESCHMACKSSACHE

Kutteln (Trippa) sind nicht jedermanns Sache, aber in Rom ein Klassiker. Sie werden in einer Tomatensauce mit Pecorino gekocht und oft als Sonntagsessen serviert. Wer mutig ist, sollte sie in einer traditionellen Trattoria probieren.

10: PUNTARELLE – DER BITTERSÜSSE SALAT

Puntarelle ist ein typisch römischer Wintersalat mit knackigen Chicorée-Sprossen. Das Besondere: Er wird mit einer Sauce aus Knoblauch, Sardellen und Essig angemacht – eine Kombination, die süchtig macht.

11: FIORI DI ZUCCA – GEFÜLLTE ZUCCHINIBLÜTEN

Gefüllte und frittierte Zucchiniblüten sind in Rom eine beliebte Vorspeise. Sie werden mit Mozzarella und Sardellen gefüllt und dann in knusprigem Teig ausgebacken – ein echtes Geschmackserlebnis!

12: CORATELLA – INNEREIEN FÜR FORTGESCHRITTENE

Die Coratella besteht aus Lamm-Innereien, die mit Zwiebeln geschmort werden. Klingt gewöhnungsbedürftig, ist aber ein echtes Traditionsgericht – besonders in kleinen Osterien auf dem Land.

13: TONNARELLI – DIE RÖMISCHE LIEBLINGSPASTA

Die typische römische Pasta heißt Tonnarelli. Sie ist dicker als Spaghetti und wird oft für Gerichte wie Cacio e Pepe oder Carbonara verwendet. Ihre raue Oberfläche nimmt besonders viel Sauce auf.

14: GRATTACHECCA – DIE RÖMISCHE EIS-ALTERNATIVE

An heißen Tagen essen die Römer Grattachecca – frisch gehobeltes Eis mit Sirup und Früchten. Es gibt sie an kleinen Ständen entlang des Tibers – ein erfrischender Snack seit über 100 Jahren.

15: PECORINO ROMANO – DER SALZIGE KÄSEKLASSIKER

Pecorino Romano ist der wichtigste Käse Roms und wird für Cacio e Pepe, Carbonara und Amatriciana verwendet. Er ist salziger und kräftiger als Parmesan – ein Muss für die römische Küche.

TYPISCH RÖMER

01: RÖMER HABEN IHRE EIGENE ZEITZONE

Pünktlichkeit? Eher zweitrangig. In Rom bedeutet „Fünf Minuten" oft „Eine halbe Stunde", und Termine werden locker gesehen. Selbst Busfahrpläne sind mehr eine Empfehlung als eine Garantie.

02: KAFFEE WIRD IM STEHEN GETRUNKEN

Römer trinken ihren Espresso an der Theke, nicht am Tisch. Wer sich hinsetzt, zahlt oft das Doppelte. Noch schlimmer: Cappuccino nach dem Mittag bestellen - das gilt als kulinarischer Fauxpas!

03: RÖMER FAHREN WIE GLADIATOREN

Autofahren in Rom ist nichts für schwache Nerven. Ampeln sind optional und Hupen ist ein Kommunikationsmittel. Insofern können Roms Straßen durchaus Lebensgefahr ausstrahlen.

04: RÖMER SIND WELTMEISTER IM SCHIMPFEN

Ob im Stau, beim Fußball oder im Supermarkt: Römer haben eine riesige Auswahl an kreativen Schimpfwörtern. Manche davon klingen so melodisch, dass sie fast wie Komplimente wirken.

05: WASSER AUS DER STRASSE? KEIN PROBLEM!

Überall in Rom gibt es „Nasoni", kleine Trinkbrunnen mit frischem Wasser. Ein echter Römer trinkt direkt aus dem Wasserstrahl - Touristen wundern sich, warum manche Römer den Hahn mit dem Finger zuhalten (Tipp: So spritzt das Wasser nach oben!).

06: RÖMER NEHMEN ESSEN SEHR ERNST

Eine Diskussion darüber, ob Carbonara mit Speck oder Guanciale gemacht wird, kann schnell zu einer Grundsatzdebatte führen. Beim Essen verstehen Römer keinen Spaß - und wer Ketchup auf die Pasta macht, wird schief angeschaut.

07: DER TIBER? NUR FÜR TOURISTEN

Römer lieben ihre Stadt, aber nicht ihren Fluss. Während Touristen Bootstouren auf dem Tiber machen, schauen Römer lieber aus der Ferne zu - Schwimmen kommt gar nicht in Frage!

08: RÖMER REDEN MIT DEN HÄNDEN

In Rom wird nicht nur gesprochen - es wird gestikuliert. Ein echter Römer kann ganze Sätze nur mit Händen und Gesichtsausdrücken formulieren. Wer das nicht kann, gilt schnell als emotionslos.

09: FUSSBALL IST (FAST) EINE RELIGION

In Rom gibt es zwei große Fußballclubs: AS Roma und Lazio Rom. Die Rivalität ist so groß, dass manche Familien kein Wort mehr miteinander sprechen, wenn sie für das falsche Team jubeln.

10: Römer finden, dass Rom das Zentrum der Welt ist

Für Römer gibt es keine Stadt, die mit Rom vergleichbar ist. Alles außerhalb wird als „die Provinz" bezeichnet - selbst große Städte wie Mailand oder Neapel.

11: Der Sonntag gehört der Familie

Sonntags treffen sich römische Familien zum Mittagessen bei der Nonna. Wer absagt, braucht eine sehr gute Entschuldigung - sonst gibt es beleidigte Gesichter (und keine Pasta).

12: Römer lieben ihre Motorroller

Wer in Rom wohnt, besitzt entweder einen Motorino oder steckt ständig im Stau. Die Vespa ist hier nicht nur ein Fortbewegungsmittel, sondern eine Lebensphilosophie.

13: Eine Strasse überqueren? Mutprobe!

In Rom gibt es Zebrastreifen, aber nur auf dem Papier. Wer eine Straße überqueren will, muss entschlossen losgehen - am besten mit einer Mischung aus Mut und Gleichgültigkeit.

14: Römer essen Eis auch im Winter

Egal ob es 40 Grad oder 5 Grad hat - Eis geht immer. Ein echter Römer isst sein Gelato selbst im tiefsten Winter, ohne dabei auch nur mit der Wimper zu zucken.

15: Römer haben immer eine Meinung

Ob Politik, Fußball oder Essen - ein Römer hat zu allem eine starke Meinung. Diskussionen sind Teil des täglichen Lebens, und wer ruhig bleibt, wird schnell für uninteressiert gehalten.

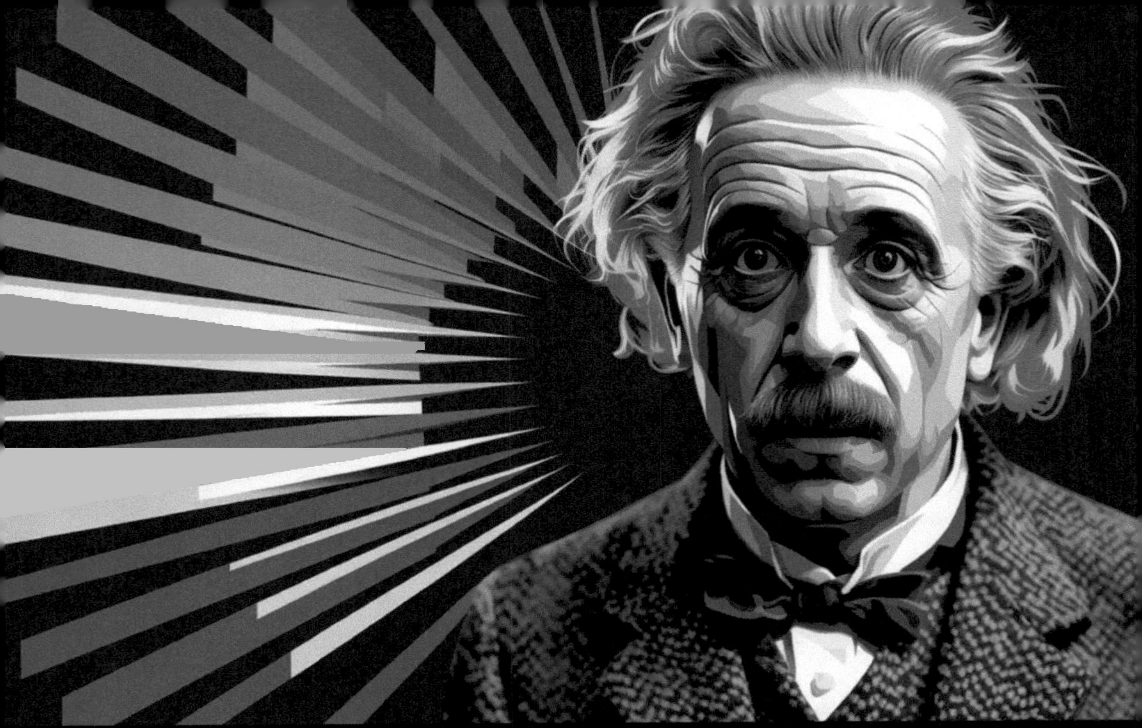

SKANDALE

01: Die Wassermelonen-Affäre des Papstes

Papst Sixtus V. liebte Wassermelonen - so sehr, dass er sie selbst im Winter essen wollte. Als er nach dem Genuss krank wurde und starb, verbreitete sich das Gerücht, dass ihn die Melone vergiftet habe.

02: Die verschwundene Vatikan-Prinzessin

1983 verschwand die 15-jährige Emanuela Orlandi, eine Vatikan-Bürgerin, spurlos. Bis heute gibt es Theorien über die Mafia, Geheimdienste und den Vatikan selbst - aber niemand weiß, was wirklich geschah.

03: Mussolinis Obelisk bleibt unangetastet

In Rom steht immer noch ein Obelisk mit der Aufschrift „Mussolini Dux". Trotz aller Versuche, ihn zu entfernen, blieb er stehen - ein umstrittenes Erbe der faschistischen Vergangenheit.

04: DER MILLIARDEN-BETRUG MIT DEN U-BAHNEN

Seit Jahrzehnten dauert der Bau der Metro-Linie C - und verschlingt Milliarden. Immer wieder gibt es Korruptionsvorwürfe, verschwundene Gelder und Verzögerungen, während Römer weiter in überfüllten Bussen stehen.

05: DER GRÖSSTE WEINSKANDAL ROMS

In den 1980ern wurden in Rom tonnenweise gepanschte Weine verkauft - versetzt mit Methanol! Mehrere Menschen starben, und viele verloren das Augenlicht. Seitdem sind die Kontrollen für italienischen Wein drastisch verschärft worden.

06: DER „SACCO DI ROMA“ - DIE STADT GEPLÜNDERT

1527 wurde Rom von deutschen Landsknechten brutal geplündert. Der Papst musste sich monatelang in der Engelsburg verstecken, während die Stadt verwüstet wurde. Manche sagen, Rom hat sich von diesem Trauma nie ganz erholt.

07: DER SKANDAL UM ROMS WÖLFE

2017 wollte die Stadtverwaltung Wölfe im Stadtgebiet ansiedeln, um die Kaninchenplage zu bekämpfen. Die Idee war skurril - und scheiterte spektakulär. Keiner weiß, was mit den Wölfen geschah.

08: ROMS BÜRGERMEISTER UND DIE MÜLL-MAFIA

Rom hat ein riesiges Müllproblem - und das liegt nicht nur an faulen Beamten. Die Mafia kontrolliert Teile der Abfallwirtschaft und verdient Millionen, indem sie Müll einfach auf illegale Deponien kippt.

09: DIE GESTOHLENEN OBELISKEN ROMS

Rom hat mehr ägyptische Obelisken als Ägypten selbst - aber viele wurden einfach gestohlen. Kaiser nahmen sie als Kriegsbeute mit, und noch heute stehen sie überall in der Stadt, obwohl Ägypten sie längst zurückfordert.

10: DER VATIKAN-KRIMI UM DIE „VERBOTENE BIBLIOTHEK“

Es gibt eine geheime Abteilung im Vatikanischen Archiv, die nicht einmal Forscher betreten dürfen. Was dort versteckt ist, weiß niemand - Theorien reichen von geheimen Evangelien bis zu Beweisen für außerirdisches Leben.

11: DER GLADIATOREN-SKANDAL AM KOLOSSEUM

Früher konnten Touristen am Kolosseum mit „Gladiatoren" posieren - bis bekannt wurde, dass sie sich gegenseitig bestechen, um Touristen abzuzocken. Nach mehreren Beschwerden wurden sie schließlich verbannt.

12: DER GIFTANSCHLAG AUF DEN PAPSTWEIN

Im 19. Jahrhundert versuchte jemand, den Wein des Papstes mit Gift zu versetzen. Der Plan flog auf, aber der Täter wurde nie gefasst - bis heute ein ungelöstes Rätsel.

13: DER RÄTSELHAFTE TOD EINES PAPSTES

Papst Johannes Paul I. starb 1978 nach nur 33 Tagen im Amt. Offiziell ein Herzinfarkt - aber viele glauben, er wurde vergiftet, weil er Korruption im Vatikan aufdecken wollte.

14: DAS VERSCHWUNDENE BERNSTEINZIMMER

Es gibt Gerüchte, dass Teile des legendären Bernsteinzimmers, das im Zweiten Weltkrieg verschwand, in Rom versteckt sind. Manche behaupten, es sei in den Katakomben unter der Stadt vergraben.

15: DER GOLDENE SCHATZ UNTER DEM TIBER

Es gibt eine alte Legende, dass die Römer bei einer Invasion einen riesigen Goldschatz im Tiber versenkten, um ihn zu verstecken. Taucher haben bis heute nichts gefunden - aber die Suche geht weiter.

ZAHLEN & DATEN

01: ROM IST ÄLTER ALS VIELE DENKEN

Rom wurde offiziell 753 v. Chr. gegründet - aber Archäologen haben Spuren entdeckt, die zeigen, dass hier schon 1.000 Jahre früher Menschen lebten. Damit ist Rom eine der ältesten Städte Europas.

02: ROM HAT MEHR BRUNNEN ALS JEDE STADT

Mit über 1.500 Brunnen hat Rom die meisten öffentlichen Wasserspender der Welt. Die berühmteste ist natürlich die Fontana di Trevi, in die Touristen jährlich Münzen im Wert von über 1,5 Millionen Euro werfen.

03: IN ROM GIBT ES ÜBER 900 KIRCHEN

Rom ist die Stadt der Kirchen - über 900 stehen hier, mehr als in jeder anderen Stadt der Welt. Manche sind winzig, andere wie der Petersdom riesig - und fast alle sind voller Kunstwerke.

04: Ein Viertel der Römer ist nicht aus Rom

Etwa 25 % der Einwohner Roms wurden nicht in der Stadt geboren. Viele stammen aus dem Süden Italiens oder aus dem Ausland, was Rom zu einer der kosmopolitischsten Städte Europas macht.

05: Rom ist die Stadt der Katzen

In Rom leben schätzungsweise 300.000 Straßenkatzen. Viele von ihnen haben ihre Heimat in antiken Ruinen, besonders auf dem Largo di Torre Argentina, wo sie frei zwischen Tempeln und Säulen umherstreifen.

06: Mehr Besucher als Einwohner

Jedes Jahr besuchen über 9 Millionen Touristen Rom - das ist fünfmal mehr als die Einwohnerzahl der Stadt. Besonders im Sommer kann es sich an beliebten Orten so anfühlen, als gehöre Rom nur den Besuchern.

07: DIE GRÖSSTE FAST-FOOD-KETTE DER ANTIKE

Zur Zeit des Römischen Reiches gab es in der Stadt über 200 „Thermopolia" - eine Art antikes Fast-Food-Restaurant, in denen Römer warmes Essen auf die Hand bekamen. Eine Art McDonald's der Antike!

08: 280 SPRINGBRUNNEN UND 1.500 „NASONI"

Neben den kunstvollen Brunnen gibt es überall in Rom „Nasoni" - kleine Trinkbrunnen mit frischem Wasser. Davon gibt es über 1.500 - und das Wasser ist nicht nur kostenlos, sondern auch extrem sauber.

09: DER PETERSDOM VERDIENT SUPERLATIVE

Mit einer Höhe von 136 Metern und Platz für bis zu 60.000 Menschen ist der Petersdom die größte Kirche der Welt. Seine Kuppel wurde von Michelangelo entworfen - und bietet eine der besten Aussichten auf Rom.

10: Der Kolosseums-Rekord: 50.000 Zuschauer

Das Kolosseum konnte bis zu 50.000 Zuschauer fassen – vergleichbar mit einem modernen Fußballstadion. Die spektakulärsten Kämpfe dauerten oft Tage oder sogar Wochen, mit wilden Tieren, Gladiatoren und riesigen Bühnenkulissen.

11: Die Ewige Stadt ist eine Filmkulisse

Rom war Schauplatz für über 1.500 Filme, darunter Klassiker wie „La Dolce Vita", „Ben Hur" und „Gladiator". Besonders beliebt ist die berühmte Spanische Treppe als Drehort.

12: Die Tiberinsel ist eine der kleinsten Inseln

Mit einer Länge von nur 270 Metern ist die Tiberinsel eine der kleinsten bewohnten Inseln der Welt. Hier steht ein Krankenhaus, das bereits seit über 1.000 Jahren in Betrieb ist.

13: DER PAPST WAR FRÜHER BÜRGERMEISTER

Bis 1870 war der Papst nicht nur geistliches Oberhaupt, sondern regierte Rom auch weltlich. Erst mit dem italienischen Staat bekam die Stadt eine eigene Verwaltung.

14: ROM WAR EINST DIE GRÖSSTE STADT DER WELT

Um das Jahr 100 n. Chr. war Rom mit über einer Million Einwohnern die größte Stadt der Welt. Kein Wunder, dass das Römische Reich das Zentrum der damaligen Welt war.

UNTERWEGS

01: Roller mit Plastiktüte

In Rom fährt man auch bei Regen Roller. Statt Schirm gibt's eine Plastiktüte über dem Kopf. Regencapes sind beliebt, Helme ohne Visier normal - Styling ist dabei zweitrangig.

02: Die römische U-Bahn - eine ewige Baustelle

Roms U-Bahn besteht aus nur drei Linien - weil beim Graben ständig antike Ruinen entdeckt werden. Der Bau neuer Strecken dauert daher Jahrzehnte, und manche Römer glauben, dass die vierte Linie niemals fertig wird.

03: Busfahrpläne sind eher Dekoration

Wer in Rom auf einen Bus wartet, braucht Geduld und Glück. Fahrpläne sind oft nur grobe Richtlinien, und manchmal kommen gleich drei Busse auf einmal - oder gar keiner.

04: TAXIFAHREN KANN ZUR PREISFALLE WERDEN

Taxis in Rom haben offizielle Tarife, aber manche Fahrer versuchen, Touristen über den Tisch zu ziehen. Besonders beliebt: Extra-Runden um Sehenswürdigkeiten, um den Preis in die Höhe zu treiben.

05: MOTORROLLER = BESTES FORTBEWEGUNGSMITTEL

Die meisten Römer fahren Vespa oder Motorroller, weil sie sich damit perfekt durch den dichten Stadtverkehr schlängeln können. Autos stehen oft stundenlang im Stau, während Rollerfahrer an ihnen vorbeirauschen.

06: PARKPLÄTZE SIND EIN MYTHOS

In Rom einen Parkplatz zu finden, ist fast unmöglich. Viele Römer parken einfach dort, wo Platz ist - auf Gehwegen, Zebrastreifen oder mitten auf der Straße.

07: DIE TRAM FÄHRT, ABER KAUM JEMAND NUTZT SIE

Rom hat tatsächlich eine Straßenbahn, aber die meisten Römer fahren lieber Auto, Roller oder Bus. Die wenigen existierenden Linien sind oft überfüllt oder langsam.

08: CARSHARING IST IN ROM EIN ABENTEUER

Es gibt Carsharing-Dienste, aber das Fahren in Rom ist nichts für Anfänger. Enge Gassen, hupende Roller und kreative Parkmanöver machen jede Fahrt zu einem Adrenalin-Erlebnis.

09: DER HAUPTBAHNHOF IST EINE KLEINE STADT

Der Bahnhof Termini ist der größte Italiens und gleicht einem eigenen Stadtviertel. Neben Zügen gibt es dort Supermärkte, Restaurants, Hotels – und leider auch Taschendiebe.

10: DIE BESTE FLUGHAFENVERBINDUNG

Vom Flughafen Fiumicino kommt man am schnellsten mit dem Leonardo Express nach Rom. Die Züge fahren alle 15 Minuten - allerdings kostet das Ticket stolze 14 Euro pro Strecke.

11: MIETWAGEN? BLOSS NICHT IN DER STADT!

Wer als Tourist ein Auto mietet, sollte es besser außerhalb Roms lassen. In der Innenstadt gibt es Fahrverbote, enge Straßen und verrückte Fahrer - eine Mischung, die selbst erfahrene Autofahrer schwitzen lässt.

12: NACHTBUSSE SIND EINE GEDULDSPROBE

Nachts gibt es kaum öffentliche Verkehrsmittel. Die wenigen Nachtbusse fahren selten und sind oft überfüllt - oder kommen erst gar nicht. Viele Römer nehmen stattdessen einfach ein Taxi oder einen E-Scooter.

13: Der Tiber als vergessene Wasserstrasse

Obwohl der Tiber durch Rom fließt, gibt es kaum Bootsverbindungen. Stattdessen fahren die Römer lieber über die Brücken, während der Fluss meist leer und ungenutzt bleibt.

14: U-Bahn-Fahren kann eine Überraschung sein

Die römische U-Bahn ist oft vollgestopft, und manchmal gibt es plötzliche Streiks. Wer Pech hat, sitzt dann mitten im Berufsverkehr und kommt nur noch zu Fuß oder mit einem Taxi weiter.

15: E-Scooter – ein zweifelhaftes Vergnügen

E-Scooter sind in Rom überall, aber sie werden oft quer auf Gehwegen abgestellt oder mitten auf der Straße gefahren. Die Stadt versucht, Regeln durchzusetzen – mit mäßigem Erfolg.

SERIEN & FILME

01: „LA DOLCE VITA" – ROMS FILMKLASSIKER

Federico Fellinis „La Dolce Vita" (1960) machte die Via Veneto weltberühmt. Die Szene, in der Anita Ekberg im Trevi-Brunnen badet, gehört zu den ikonischsten Momenten der Filmgeschichte – auch wenn das heute streng verboten ist.

02: „GLADIATOR" – ROM OHNE ECHTES ROM

Der Oscar-prämierte Film „Gladiator" (2000) spielt zwar im antiken Rom, aber keine einzige Szene wurde dort gedreht. Das Kolosseum wurde am Computer nachgebaut, und die meisten Aufnahmen entstanden in Marokko und Malta.

03: „SUBURRA" – DIE DÜSTERE SEITE ROMS

Die Netflix-Serie „Suburra" zeigt Rom von seiner dunklen Seite: Mafia, Politik und Korruption. Viele Szenen wurden im echten Ostia und im Stadtteil Testaccio gedreht, wo die reale Unterwelt Roms zuhause ist.

04: „Ein Herz & eine Krone“ – Hollywood in Rom

Der Klassiker „Ein Herz und eine Krone" (1953) mit Audrey Hepburn und Gregory Peck machte die Spanische Treppe zum weltweiten Touristenmagneten. Seit 2019 ist das Sitzen dort aber verboten - aus Respekt vor dem historischen Ort.

05: „Rom“ – Die teuerste TV-Serie ihrer Zeit

Die HBO-Serie „Rom" (2005–2007) zeigte das antike Rom detailgetreu – allerdings wurde fast alles in Cinecittà bei Rom nachgebaut. Die Produktion war so teuer, dass die Serie nach zwei Staffeln eingestellt wurde.

06: „The Young Pope“ – Jude Law im Vatikan

Die Serie „The Young Pope" (2016) zeigt einen fiktiven Papst (Jude Law), der den Vatikan aufmischt. Gedreht wurde aber nicht im echten Vatikan, sondern in Filmstudios in Rom, wo der Petersplatz nachgebaut wurde.

07: „Spectre“ - James Bond rast am Tiber entlang

Im Bond-Film „Spectre“ (2015) liefert sich 007 eine spektakuläre Autoverfolgungsjagd durch Rom, inklusive eines Sprungs in den Tiber. Viele Szenen wurden nachts gedreht, um die Stadt nicht komplett lahmzulegen.

08: „Eat Pray Love“ - Rom zum Verlieben

Julia Roberts erkundet in „Eat Pray Love“ (2010) das süße Leben in Rom. Besonders die Szene, in der sie mit Freunden in einer Trattoria Spaghetti isst, machte Lust auf einen kulinarischen Städtetrip.

09: „Angels & Demons“ - Verschwörungen in Rom

Der Thriller „Illuminati“ (2009) mit Tom Hanks basiert auf Dan Browns Roman und führt durch geheime Orte Roms. Doch viele Szenen wurden in Filmstudios nachgebaut, weil der Vatikan keine Drehgenehmigung erteilte.

10: „To Rome with Love" – mit Woody Allen

Woody Allen drehte 2012 die Episoden-Komödie „To Rome with Love", in der das chaotische, romantische und manchmal absurde Leben in Rom zelebriert wird. Dabei spielt auch die berühmte Piazza Venezia eine große Rolle.

11: „Roma" – aber nicht über Rom

Der Oscar-prämierte Film „Roma" (2018) von Alfonso Cuarón hat nichts mit Rom zu tun – er spielt in Mexiko-Stadt! Trotzdem denken viele beim Titel zuerst an die Ewige Stadt.

12: „Ben Hur" – Roms grösstes Filmrennen

Der Filmklassiker „Ben Hur" (1959) zeigt eines der berühmtesten Wagenrennen der Filmgeschichte. Die Szene wurde nicht in Rom, sondern in einem riesigen Nachbau des Zirkus Maximus in Cinecittà gedreht.

13: „Die grosse Schönheit“ – Roms moderne Magie

Der Oscar-Gewinner „La Grande Bellezza" (2013) zeigt Rom von seiner poetischen, surrealen und dekadenten Seite. Viele Szenen wurden in versteckten Villen, antiken Gärten und exklusiven Palästen gedreht, die sonst kaum jemand zu sehen bekommt.

14: „Il Marchese del Grillo“ – Roms legendäre Satire

Der Kultfilm „Il Marchese del Grillo" (1981) erzählt die Geschichte eines adeligen Unruhestifters, der die Obrigkeit verspottet. Viele Römer kennen seine Zitate noch heute auswendig.

Tiervorfälle

01: Die Strassenkatzen regieren Rom

Rom ist die Stadt der Straßenkatzen - besonders in den Ruinen des Largo di Torre Argentina. Dort leben Hunderte Katzen, die sich um nichts und niemanden scheren. Touristen lieben sie, manche Römer eher weniger.

02: Möwen klauen Pizza und Eis

Die römischen Möwen sind wahre Diebe! Wer sich mit einem Stück Pizza oder einem Eis zu nah an einen offenen Platz wagt, riskiert, dass ein Vogel im Sturzflug das Essen direkt aus der Hand stiehlt.

03: Ein Wildschwein in der Metro

2019 tauchte ein Wildschwein in einer römischen U-Bahn-Station auf. Niemand weiß, wie es dorthin kam - aber es sorgte für Chaos und Panik, bis es schließlich wieder nach draußen getrieben wurde.

04: Die geheimen Papageien Roms

In Rom leben Tausende grüne Papageien, die niemand erwartet. Sie stammen aus Zoo-Flüchtlingen der 1970er und haben sich so gut angepasst, dass sie heute in den Parkanlagen und auf Palmen der Stadt nisten.

05: Die Schildkröten der Villa Borghese

Im Park der Villa Borghese gibt es einen kleinen See, in dem Hunderte Wasserschildkröten leben. Viele wurden von Römern ausgesetzt, als sie als Haustiere zu groß wurden - jetzt sind sie die heimlichen Herrscher des Teiches.

06: Ein Pferd galoppiert durch den Vatikan

Bei einer päpstlichen Prozession in den 1960ern riss sich ein Pferd los und galoppierte durch den Petersplatz - direkt auf den Papst zu. Zum Glück konnte es rechtzeitig gestoppt werden, bevor es in die Menge rannte.

07: RATTENPARTY AM TIBERUFER

In manchen Gegenden am Tiberufer gibt es so viele Ratten, dass sie nachts in Scharen über die Straßen huschen. Die Stadt versucht sie zu bekämpfen, aber die Nager sind fast so schlau wie die Römer selbst.

08: DIE FLAMINGOS IM RÖMISCHEN ZOO

Flamingos im Herzen Roms? Ja! Im Bioparco, dem städtischen Zoo, leben rosa Flamingos, die manchmal lautstark über die Stadt hinwegfliegen - ein surrealer Anblick zwischen den alten Ruinen.

09: EINE MÖWE BEI DER PAPSTWAHL

2013, während der Wahl von Papst Franziskus, setzte sich eine Möwe auf den Schornstein der Sixtinischen Kapelle. Millionen Zuschauer sahen das Live - manche hielten es für ein göttliches Zeichen.

10: HUNDE ALS GLADIATOREN IM KOLOSSEUM

Im antiken Rom wurden bei Gladiatorenkämpfen nicht nur Menschen eingesetzt, sondern auch Kampfhunde. Besonders große, furchterregende Molosser-Hunde wurden gegen Löwen oder sogar bewaffnete Krieger losgelassen.

11: EIN WOLF IN DEN RÖMISCHEN VORORTEN

2018 wurde ein echter Wolf in den Außenbezirken Roms gesichtet – das erste Mal seit Jahrzehnten. Er tauchte nachts auf Überwachungskameras auf, verschwand dann aber wieder in den Wäldern außerhalb der Stadt.

12: EIN PAVIAN AUF DEM DACH EINES HOTELS

Einmal landete ein entflohener Pavian auf dem Dach eines Hotels nahe des Kolosseums. Die Feuerwehr brauchte mehrere Stunden, um das panische Tier einzufangen, während Touristen es filmten.

13: DIE GIFTIGEN SKORPIONE ROMS

Ja, es gibt Skorpione in Rom! Besonders in alten Gebäuden oder Kellern tauchen sie manchmal auf. Zum Glück sind sie klein und nicht tödlich, aber ein Stich kann ziemlich schmerzhaft sein.

14: EIN ENTLAUFENER ELEFANT IN TRASTEVERE

In den 1940er-Jahren entkam ein Zirkus-Elefant und lief durch die engen Straßen von Trastevere. Es dauerte mehrere Stunden, bis er eingefangen wurde - die Römer fanden es allerdings eher amüsant als beängstigend.

15: DIE KRÄHEN GREIFEN TOURISTEN AN

In der Nähe des Vatikans gibt es viele Krähen, und zur Brutzeit können sie aggressiv werden. Immer wieder berichten Touristen von plötzlichen Luftangriffen, wenn sie den falschen Baum passieren.

SPRACHE

01: „MO'" – DAS RÖMISCHE WORT FÜR „JETZT"

Anstatt „adesso" (italienisch für „jetzt") sagen Römer einfach „Mo'". Das hört man überall, besonders in Sätzen wie „Mo' arrivo!" („Ich komme gleich!") – was aber auch eine halbe Stunde dauern kann.

02: „DAJE!" – DAS RÖMISCHE MOTIVATIONSWORT

Das Wort „Daje!" kann alles bedeuten: „Los geht's!", „Na los!", „Echt jetzt?!" oder einfach nur ein Ausdruck der Begeisterung. Fußballfans von AS Roma nutzen es besonders oft im Stadion.

03: RÖMER LIEBEN DOPPELTE VERNEINUNGEN

In Rom heißt es nicht „Ich habe nichts", sondern „Nun c'ho gnente" – eine doppelte Verneinung, die in perfektem Italienisch eigentlich falsch wäre. Doch in Rom gilt: Je mehr Verneinungen, desto besser!

04: „Annamo a magnà!“ – Essen ist heilig

Römer sagen nicht einfach „Andiamo a mangiare“ (Lasst uns essen), sondern verkürzen es auf „Annamo a magnà!“. Essen ist für Römer schließlich das Wichtigste des Tages.

05: „Nun ce sta gnente!“ – Keine Chance!

Wenn etwas nicht vorhanden ist oder es keine Lösung gibt, sagen Römer oft „Nun ce sta gnente!“ – eine Betonung darauf, dass wirklich gar nichts geht.

06: „Stai a scherzà?“ – Ironie in Perfektion

Das römische „Stai a scherzà?“ bedeutet „Machst du Witze?“ – aber es kann je nach Tonfall verärgert, ironisch oder begeistert klingen. Ironie ist ohnehin eine Sprache, die jeder Römer perfekt beherrscht.

07: DER TIBER HAT SEIN EIGENES VERB

Das Wort „Tiberare" ist römischer Slang und bedeutet „etwas loswerden". Es kommt von „Tevere" (Tiber), weil Römer früher unliebsame Dinge einfach in den Fluss warfen.

08: RÖMER SPRECHEN OFT OHNE VOKALE

Viele Wörter werden in Rom einfach abgeschnitten. Statt „Che fai?" („Was machst du?") heißt es oft nur „Che ffai'?". Selbst ganze Sätze werden zu einem murmelig klingenden Kauderwelsch.

09: „SEMO ROMANI!" – STOLZ AUF DIE STADT

Ein echter Römer sagt nicht einfach „Siamo Romani" (Wir sind Römer), sondern „Semo Romani!". Dieser Satz wird oft mit voller Brust gesagt – denn Römer sind verdammt stolz auf ihre Stadt.

10: RÖMER LIEBEN WORTSPIELE MIT ESSEN

Sprichwörter mit Essen sind in Rom besonders beliebt. „Nun c'è trippa pe' gatti" („Es gibt keinen Kuttelfleisch für Katzen") bedeutet, dass es nichts umsonst gibt - und jemand Pech hat.

11: „A CHI TOCCA, NUN SE 'NGRUGNA!"

Dieser römische Spruch bedeutet „Wer an der Reihe ist, soll nicht meckern". Er stammt aus alten Kneipen und wird heute noch benutzt, wenn sich jemand über eine unangenehme Pflicht beschwert.

12: „SO' DU' SPICCI!" - KEINE KLEINBETRÄGE

Römer nennen kleine Beträge oft „du' spicci" („zwei Münzen"), auch wenn es um 50 Euro geht. Wenn jemand sagt „Nun c'ho manco du' spicci", dann hat er garantiert kein Geld dabei.

13: „Che pizza!“ hat nichts mit Pizza zu tun

Wenn ein Römer „Che pizza!“ sagt, hat das nichts mit Essen zu tun. Es bedeutet „Wie langweilig!“ oder „Wie nervig!“ - angeblich, weil das Ausrollen von Pizzateig eine mühsame Arbeit ist.

14: „Mortacci tua!“ - Das ultimative Fluchen

Fluchen gehört zur römischen Sprache - und „Mortacci tua!“ ist eine der häufigsten Beschimpfungen. Es bedeutet in etwa „Verdammt noch mal!“, aber kann je nach Tonfall auch freundschaftlich gemeint sein.

15: „Nun te preoccupà!“ - Entspannung pur

Römer nehmen das Leben locker. Egal, was passiert, sie sagen oft „Nun te preoccupà!“ - was so viel heißt wie „Mach dir keinen Kopf!“. Selbst wenn alles schiefgeht, bleibt ein Römer lieber entspannt als gestresst.

SEHENSWÜRDIGKEITEN

01: DAS KOLOSSEUM HATTE EINE HOLZ-ARENA

Das Kolosseum war nicht nur Stein - die Kampfarena bestand aus Holz und war mit Sand bedeckt. Darunter lag ein ausgeklügeltes Tunnelsystem, aus dem Gladiatoren und wilde Tiere auf Knopfdruck auftauchten.

02: DIE SPANISCHE TREPPE WAR MAL EIN MARKT

Heute ein Touristen-Hotspot, war die Spanische Treppe früher ein Treffpunkt für Künstler und Straßenhändler. Obstverkäufer boten hier frische Feigen an - sitzen durfte man allerdings noch, was heute verboten ist.

03: DER PETERSDOM KÖNNTE NOCH GRÖSSER SEIN

Der Petersdom ist riesig - aber Michelangelo plante ihn noch größer. Einige seiner Entwürfe wurden aber nach seinem Tod geändert, weil sie zu teuer oder zu aufwendig waren.

04: DIE ENGELSBURG WAR EINST EIN LUXUSSCHLOSS

Die Engelsburg diente nicht nur als Festung - einige Päpste nutzten sie als Privatresidenz. Mit Gold geschmückte Räume und Geheimgänge machten sie zu einem Zufluchtsort in Krisenzeiten.

05: DAS FENSTER DES KAISERS

Im Kolosseum gibt es ein spezielles Fenster mit Sicht zum kaiserlichen Palast. Der Kaiser konnte so seinen Daumen zeigen - oder nicht (für die Urteile). Heute sieht man es nur noch von innen.

06: DAS PANTHEON HATTE EINST BRONZENE TÜREN

Die berühmten Tore des Pantheon bestanden ursprünglich aus massivem Bronze. Doch im Mittelalter wurden sie von Päpsten entfernt und eingeschmolzen, um Kanonen für die Engelsburg herzustellen.

07: DAS FORUM ROMANUM WAR MAL EINE MÜLLKIPPE

Im Mittelalter war das Forum Romanum völlig verlassen und wurde als Weide für Kühe genutzt. Archäologen mussten es mühsam aus Jahrhunderten von Schutt und Müll freilegen.

08: DIE SIXTINISCHE KAPELLE WAR MAL UNSCHEINBAR

Vor Michelangelos berühmtem Deckenfresko war die Sixtinische Kapelle eher schlicht dekoriert. Erst Papst Julius II. beauftragte den Künstler, das Gewölbe zu bemalen – Michelangelo wollte eigentlich ablehnen!

09: DER BOCCA DELLA VERITÀ KANN NICHT BEISSEN

Der „Mund der Wahrheit", eine berühmte Marmormaske, soll Lügnern die Hand abbeißen. Tatsächlich ist es nur ein alter Abwasserdeckel – aber Touristen stecken trotzdem mutig ihre Hände hinein.

10: DIE KATAKOMBEN SIND RIESIG

Unter Rom gibt es über 60 Katakomben, die sich auf mehr als 300 Kilometer erstrecken. Einige Gänge sind noch unerforscht, und es wird vermutet, dass dort immer noch unentdeckte Gräber existieren.

11: DIE PIAZZA NAVONA WAR MAL EIN STADION

Die elegante Piazza Navona war einst ein römisches Stadion, in dem sportliche Wettkämpfe ausgetragen wurden. Die heutige ovale Form entspricht noch immer der alten Rennbahn.

12: DAS VITTORIO-EMANUELE-DENKMAL WIRD GEHASST

Das riesige Vittorio-Emanuele-Denkmal am Piazza Venezia wird von vielen Römern „die Schreibmaschine" oder „der Hochzeitstortenbunker" genannt - weil es zu protzig wirkt und sich nicht ins Stadtbild einfügt.

13: DER PETERSPLATZ IST EINE OPTISCHE TÄUSCHUNG

Die Säulenreihen am Petersplatz sind so angeordnet, dass sie aus einem bestimmten Punkt betrachtet wie eine einzige Säulenreihe aussehen. Diese geniale Illusion wurde von Bernini geplant.

14: DER OBELISK AM PETERSPLATZ IST URALT

Der Obelisk am Petersplatz wurde nicht in Rom errichtet - er stammt aus Ägypten und wurde von Kaiser Caligula im Jahr 37 n. Chr. nach Rom gebracht. Er hat mehr Geschichte erlebt als der Vatikan selbst.

RÖMER MYTHEN

01: Rom wurde von Wölfen aufgezogen

Die Legende besagt, dass Romulus und Remus, die Gründer Roms, als Babys von einer Wölfin gesäugt wurden. Archäologen fanden jedoch nie Beweise für eine echte „Lupa" - es könnte auch eine symbolische Erzählung sein.

02: Nero liess Rom absichtlich brennen

Viele glauben, dass Kaiser Nero Rom in Brand setzen ließ, um Platz für seinen goldenen Palast zu schaffen. Historiker vermuten aber, dass das Feuer zufällig ausbrach - und Nero sogar bei den Löscharbeiten half.

03: Das Kolosseum ist verflucht

Ein alter Mythos besagt, dass das Kolosseum wegen der vielen gestorbenen Gladiatoren verflucht ist. Manche Besucher berichten von plötzlichen Kälteschüben oder seltsamen Schatten in den Gängen.

04: DER TREVI-BRUNNEN BRINGT LIEBE ZURÜCK

Es heißt, wenn man zwei Münzen in den Trevi-Brunnen wirft, kehrt nicht nur der Werfer nach Rom zurück - sondern auch eine verlorene Liebe. Ob es stimmt? Einen Versuch ist es wert!

05: DIE VERSCHWUNDENE NEPTUN-STATUE

In einer alten Kirche soll eine Statue des Neptun gestanden haben, die angeblich zum Leben erwachte. Plötzlich war sie verschwunden - bis heute weiß niemand, ob sie gestohlen oder einfach versteckt wurde.

06: DIE SIXTINISCHE KAPELLE HAT EIN GEHEIMCODE

Einige Kunstexperten glauben, dass Michelangelo in der Sixtinischen Kapelle geheime Botschaften versteckt hat. Besonders das Fresko der Erschaffung Adams soll versteckte Symbole und Anspielungen auf Wissenschaft enthalten.

07: DER FLUCH DES BOCCA DELLA VERITÀ

Die Bocca della Verità (Mund der Wahrheit) soll Lügnern die Hand abbeißen - aber bisher hat es niemand bestätigt. Trotzdem haben viele Römer als Kinder Angst davor, hineinzufassen.

08: DIE GEISTER DER ENGELSBURG

Die Engelsburg soll von Geistern alter Gefangener und ermordeter Päpste heimgesucht werden. Besucher berichten von unheimlichen Schritten in leeren Räumen und kalten Luftzügen ohne erkennbare Quelle.

09: DIE RÖMISCHEN KATZEN SIND VERZAUBERT

Ein Mythos besagt, dass die vielen Straßenkatzen Roms eigentlich Wächter der Stadt sind. Sie sollen die Seelen alter Kaiser und Gelehrter beherbergen, die noch immer über die Ewige Stadt wachen.

10: Ein geheimes Grab unter dem Petersdom

Unter dem Petersdom soll es ein verborgenes Grab geben, das einen vergessenen Heiligen oder ein göttliches Artefakt enthält. Die Vatikan-Archive schweigen dazu – was die Legende nur verstärkt.

11: Das Pantheon hat ein Wetterwunder

Die riesige Kuppel des Pantheon hat in der Mitte eine offene Öffnung, aber angeblich regnet es niemals hinein. Manche glauben an eine geheime Schutzmagie – in Wahrheit liegt es an den Luftströmungen im Inneren.

12: Die unendlichen Katakomben Roms

Roms Katakomben sind riesig – aber einige glauben, dass sie viel größer sind als bekannt. Es gibt Gerüchte über geheime Tunnel, die unter der Stadt hindurchführen und zu unentdeckten Grabkammern führen.

13: Die römischen Brunnen sind verzaubert

Viele Römer glauben, dass einige Brunnen - wie der Fontana delle Tartarughe - Glück und Reichtum bringen, wenn man sie zur richtigen Stunde besucht und mit einer Münze berührt.

14: Der Geist von Kaiser Caligula

Es gibt Berichte, dass im Palatin-Hügel, wo einst Kaiser Caligula residierte, nachts sein Geist umherwandert. Manchmal soll man leises Flüstern oder Schritte auf dem Marmorboden hören.

15: Die geheimen Zeichen im Forum Romanum

Archäologen fanden mysteriöse Symbole in Stein gemeißelt im Forum Romanum, die bis heute nicht vollständig entschlüsselt wurden. Einige glauben, sie enthalten verborgene Prophezeiungen über die Zukunft Roms.

ERFINDUNGEN

01: DIE RÖMER ERFANDEN BETON

Der römische Beton („opus caementicium") war revolutionär - viele ihrer Gebäude stehen noch heute! Dank einer speziellen Mischung mit Vulkanasche wurde er widerstandsfähiger als moderner Beton und kann sogar unter Wasser aushärten.

02: DIE ERSTE FUSSBODEN-HEIZUNG DER GESCHICHTE

Schon im antiken Rom gab es eine Fußbodenheizung! Das „Hypokaustum" leitete heiße Luft unter den Böden von Thermen und Villen entlang - eine Technik, die erst im 20. Jahrhundert wieder modern wurde.

03: DIE RÖMER ERFANDEN DAS ERSTE EINKAUFSZENTRUM

Der Trajansmarkt im antiken Rom gilt als das erste Einkaufszentrum der Welt. Über 150 Geschäfte auf mehreren Etagen boten Waren an - von Gewürzen bis zu Kleidung. Eine Art antikes Shopping-Mall-Erlebnis.

04: Die erste Mehrzweck-Strasse

Die Via Appia, eine der ersten römischen Straßen, war nicht nur für Soldaten, sondern auch für Händler und Reisende gedacht. Ihr genialer Pflasterstein-Belag ist heute noch an einigen Stellen erhalten.

05: Aquädukte brachten fliessendes Wasser

Die Römer entwickelten das beste Wasserversorgungssystem der Antike: Über Aquädukte floss frisches Wasser über hunderte Kilometer direkt in die Stadt - in Brunnen, Bäder und sogar Privathäuser wohlhabender Römer.

06: Erste Schnellgerichte: Die Thermopolia

Die Römer hatten bereits eine Art Fast-Food-Läden, genannt „Thermopolia". Hier gab es heiße Eintöpfe, Brot und Getränke - eine schnelle Mahlzeit für Arbeiter und Leute, die keine eigene Küche hatten.

07: DIE ERSTEN MÜNZ-AUTOMATEN GAB ES IN ROM

Der griechisch-römische Ingenieur Heron erfand eine Wasser-Spendemaschine, die eine Münze akzeptierte und dann eine bestimmte Menge Weihwasser ausgab - eine Art antiker Getränkeautomat.

08: DIE RÖMER ERFANDEN STRASSENBELEUCHTUNG

Um Nachtmärkte und Straßen sicherer zu machen, wurden in Rom Öllampen entlang der Hauptwege aufgestellt. Diese frühe Form der Straßenbeleuchtung machte das Nachtleben angenehmer.

09: BÜCHER GAB ES SCHON IM ALTEN ROM

Vor dem Mittelalter schrieben Römer auf Papyrusrollen, doch die Codex-Form (frühe Bücher mit Seiten) wurde von den Römern mitentwickelt. Diese Technik ersetzte schließlich das mühsame Abrollen von Schriftrollen.

10: RÖMISCHE SONNENBRILLEN FÜR GLADIATOREN

Gladiatoren benutzten eine Art Sonnenbrille aus geschliffenem Smaragd, um sich in der Arena vor blendendem Licht zu schützen. Diese Technik wurde später für Augenschutz bei Seeleuten weiterentwickelt.

11: DIE RÖMER PERFEKTIONIERTEN DIE KANALISATION

Das Cloaca Maxima war eines der ersten großen Abwassersysteme der Welt. Es hielt Rom sauberer als viele mittelalterliche Städte und leitet noch heute Wasser ab.

12: ERSTE GRAFFITI-KUNST STAMMT AUS ROM

Römer waren Pioniere des Graffiti! In Pompeji und Rom haben Archäologen Kritzeleien entdeckt, darunter politische Botschaften, Witze und Liebeserklärungen – nicht viel anders als heutige Street-Art.

13: DIE ERSTEN MECHANISCHEN KRÄNE FÜR BAUSTELLEN

Römer nutzten Kräne mit Seilzügen, um massive Steinblöcke in Bauwerke wie das Kolosseum zu heben. Diese Technik ermöglichte es, Tempel und Aquädukte schneller und präziser zu bauen.

14: DAS ERSTE ORGANISIERTE POSTSYSTEM

Der „Cursus Publicus“ war eine Art staatliches Postsystem, das Briefe und Dokumente zwischen römischen Provinzen transportierte - ähnlich wie unsere moderne Post.

BERÜHMTHEITEN

01: JULIUS CÄSAR – DER MANN, DER ROM VERÄNDERTE

Julius Cäsar war nicht nur ein brillanter Feldherr, sondern auch ein Meister der Selbstvermarktung. Sein berühmter Satz „Veni, Vidi, Vici" („Ich kam, sah, siegte") zeigt, wie er sich als unaufhaltsam präsentierte.

02: NERO – DER UMSTRITTENSTE KAISER

Kaiser Nero soll während des großen Brandes Harfe gespielt haben – eine Legende, die ihn als wahnsinnigen Herrscher darstellt. Tatsächlich war er ein fördernder Künstler, aber seine Grausamkeit machte ihn bei den Römern unbeliebt.

03: MICHELANGELO – ROMS KÜNSTLERISCHES GENIE

Michelangelo meckerte, als er die Sixtinische Kapelle bemalen musste, weil er sich als Bildhauer und nicht als Maler sah. Trotzdem schuf er eines der größten Meisterwerke der Kunstgeschichte.

04: AUGUSTUS - DER ERSTE KAISER ROMS

Augustus, der Adoptivsohn von Julius Cäsar, machte sich zum mächtigsten Mann der Welt und ließ sich als „Retter der Republik" feiern - während er heimlich alle seine politischen Gegner ausschaltete.

05: GIAN LORENZO BERNINI - DER PAPST-BILDHAUER

Der Künstler Bernini verwandelte Rom mit seinen Skulpturen, Brunnen und Kirchen. Er entwarf auch den Petersplatz, dessen Säulenanordnung Besucher symbolisch in die Arme der Kirche nimmt.

06: SOPHIA LOREN - DIE RÖMISCHE FILMIKONE

Obwohl Sophia Loren aus Neapel stammt, wurde sie in Rom zum Superstar. Ihre Filme und ihre Ausstrahlung machten sie zur Ikone des italienischen Kinos.

07: ROMULUS - DER ERSTE KÖNIG ROMS

Laut Legende gründete Romulus Rom im Jahr 753 v. Chr.. Angeblich tötete er sogar seinen eigenen Bruder Remus, um alleiniger Herrscher zu sein - nicht gerade ein harmonischer Start für die Ewige Stadt.

08: CARAVAGGIO - DER MALER MIT DER DUNKLEN SEITE

Caravaggio war ein Genie mit einem Temperament. Er malte einige der revolutionärsten Bilder der Kunstgeschichte, musste aber aus Rom fliehen, weil er einen Mann im Streit tötete.

09: SILVIO BERLUSCONI - DER SKANDALPOLITIKER

Berlusconi war nicht nur dreimal Premierminister, sondern auch Medienmogul und skandalträchtiger Partykönig. Seine berüchtigten „Bunga-Bunga"-Partys sorgten weltweit für Schlagzeilen.

10: RAPHAEL - DER MEISTER DER HARMONIE

Der Maler Raphael schuf einige der schönsten Werke der Renaissance, darunter die „Schule von Athen". Er starb tragischerweise mit nur 37 Jahren - angeblich nach einer durchfeierten Nacht.

11: CLAUDIA CARDINALE - DAS RÖMISCHE FILMGESICHT

Die Schauspielerin Claudia Cardinale wurde durch Filme wie „Spiel mir das Lied vom Tod" weltberühmt. Ihre Ausstrahlung machte sie zu einer der größten Filmikonen Italiens.

12: PAPST FRANZISKUS - DER MODERNE PAPST

Papst Franziskus brachte eine Revolution in den Vatikan. Er verzichtete auf viele luxuriöse Traditionen, fuhr lieber kleine Autos und predigt seitdem eine einfache Lebensweise.

13: Federico Fellini – Roms Filmpoet

Fellini verzauberte die Welt mit Filmen wie „La Dolce Vita" und „8 ½". Er war bekannt für seine surrealen und traumhaften Bilder, die Rom zu einer Märchenstadt machten.

14: Marcus Aurelius – Der Philosoph als Kaiser

Marcus Aurelius war nicht nur Kaiser, sondern auch ein großer Philosoph. Sein Buch „Selbstbetrachtungen" gilt bis heute als eine der wichtigsten Schriften der Stoa.

15: Gianicolo – Der Mann mit der Kanone

Auf dem Gianicolo-Hügel wird seit 1847 jeden Mittag eine Kanone abgefeuert – eine Tradition, die ursprünglich dazu diente, alle Kirchtürme gleichzeitig schlagen zu lassen.

TOURISTENFEHLER

01: EIS AM TREVI-BRUNNEN ESSEN? TEUER!

Wer in Rom sein Gelato direkt am Trevi-Brunnen isst, riskiert eine hohe Geldstrafe. Essen und Trinken sind an vielen berühmten Orten verboten - also besser das Eis erst genießen, wenn man ein paar Meter weitergeht.

02: CAPPUCCINO NACH DEM MITTAGESSEN? NEIN!

Ein echter Römer trinkt Cappuccino nur morgens. Wer nach dem Mittagessen einen bestellt, wird sofort als Tourist enttarnt - und kann mit einem verwunderten Blick des Kellners rechnen.

03: AUF DIE SPANISCHE TREPPE SETZEN? VERBOTEN!

Die berühmte Spanische Treppe ist ein Ort für Fotos, aber kein Sitzplatz. Wer sich hinsetzt, wird von Ordnungshütern sofort aufgefordert aufzustehen - und es kann sogar eine Geldstrafe geben.

04: TAXI OHNE FESTEN PREIS? SCHLECHTE IDEE!

Wer am Flughafen oder Bahnhof ein Taxi nimmt, sollte den Fixpreis vorher klären. Manche Fahrer schalten den Taxameter absichtlich nicht ein, um am Ende einen überhöhten Preis zu verlangen.

05: BROT MIT BUTTER? RÖMER SCHÜTTELN DEN KOPF

In Rom bekommt man Brot oft ohne Butter oder Öl serviert. Touristen, die nach Butter fragen, ernten oft fragende Blicke - denn in der italienischen Küche ist das einfach ungewöhnlich.

06: DIE SCHLANGE IN DER VATIKANSTADT IGNORIEREN

Wer einfach zum Petersdom geht, ohne sich über die Warteschlange zu informieren, kann Stunden verlieren. Tickets vorher online kaufen oder ganz früh da sein - sonst steht man ewig in der Sonne.

07: DEN KELLNER NACH PARMESAN FRAGEN

Bei Pasta mit Fisch nach Parmesan zu fragen, ist in Rom ein kulinarisches Tabu. Fischgerichte werden niemals mit Käse kombiniert - und manche Kellner reagieren darauf fast beleidigt.

08: SICH AM ZEBRASTREIFEN SICHER FÜHLEN

Ein Zebrastreifen ist in Rom kein Garant, dass Autos anhalten. Viele Touristen bleiben zu vertrauensvoll stehen - wer sicher über die Straße will, muss oft einfach mutig losgehen.

09: ROM IN NUR EINEM TAG BESICHTIGEN

Viele Touristen glauben, sie könnten Rom in 24 Stunden erkunden. Falsch! Die Stadt ist riesig und voller versteckter Ecken - lieber mehr Zeit einplanen, statt von einer Sehenswürdigkeit zur nächsten zu hetzen.

10: TRINKGELD GEBEN? NICHT IMMER NÖTIG

In Rom ist Trinkgeld nicht verpflichtend, weil in vielen Restaurants Servicegebühren („Coperto") schon auf der Rechnung stehen. Touristen, die 20 % Trinkgeld geben, machen sich bei Römern eher unbeliebt.

11: WASSERFLASCHEN KAUFEN STATT NASONI NUTZEN

Rom hat über 1.500 Trinkbrunnen („Nasoni") mit kostenlosem Wasser. Viele Touristen kaufen stattdessen teure Wasserflaschen, obwohl sie einfach ihre Flasche kostenlos auffüllen könnten.

12: DAS FALSCHE TICKET FÜR DEN BUS NEHMEN

In Rom gibt es kein Ticketverkauf im Bus - Touristen, die ohne gültiges Ticket einsteigen, riskieren eine hohe Strafe. Besser vorher an Kiosken oder Automaten ein Ticket besorgen.

13: „Einmal Spaghetti Bolognese, bitte“

Wer in Rom Spaghetti Bolognese bestellt, wird sofort als Tourist erkannt. Das Gericht stammt aus Bologna - in Rom isst man lieber Carbonara, Cacio e Pepe oder Amatriciana.

14: Falsch angezogen in die Kirche gehen

Römer nehmen Kleiderregeln in Kirchen ernst. Wer mit kurzen Shorts oder ärmellosem Oberteil in den Petersdom will, kommt oft nicht rein - Schultern und Knie sollten bedeckt sein.

15: Fahrräder sind nicht immer die beste Wahl

Rom sieht auf Karten fahrradfreundlicher aus, als es ist. Kopfsteinpflaster, enge Gassen und chaotischer Verkehr machen Radfahren zu einer Herausforderung - besonders für Touristen, die sich nicht auskennen.

Kuriose Gesetze

01: Keine Münzen aus dem Trevi-Brunnen fischen

Jährlich landen Millionen im Trevi-Brunnen - und die Stadt lässt nichts mitgehen. Wer beim Münzefischen erwischt wird, riskiert hohe Strafen. Das Geld wird für wohltätige Zwecke gespendet - nicht für Souvenirs.

02: Taubenfüttern ist illegal

Rom hat ein Taubenproblem, aber wer sie füttert, macht es nur schlimmer. Deshalb ist es verboten, den Vögeln Brotkrumen hinzuwerfen - wer erwischt wird, darf mit einer Strafzahlung rechnen.

03: Kein lautes Rollen mit Koffern nachts

Nachts mit einem rollenden Koffer über Kopfsteinpflaster? In einigen Gegenden ist das verboten, weil sich Anwohner über den Lärm der Räder beschweren. Besser den Koffer tragen!

04: Keine Strassencafés ohne Erlaubnis

In Rom kann nicht einfach jeder sein Café mit Stühlen und Tischen auf die Straße stellen. Wer es ohne Genehmigung tut, riskiert eine hohe Strafe und Beschlagnahmung des Mobiliars.

05: Sandalenverbot für Busfahrer

Busfahrer in Rom dürfen keine Sandalen tragen - das gilt als unsicher. Wer in Flip-Flops beim Lenken erwischt wird, riskiert eine Strafe oder sogar ein Fahrverbot.

06: Kein „Falsche-Ware"-Verkauf auf der Strasse

Wer gefälschte Luxustaschen oder Uhren auf der Straße kauft, kann ebenfalls bestraft werden - nicht nur der Verkäufer! Die Stadt geht streng gegen illegale Straßenhändler vor.

07: Keine Gruppen-führungen ohne Lizenz

Fremdenführer brauchen eine offizielle Lizenz, um Touristen durch Rom zu führen. Wer ohne Erlaubnis eine Gruppe durch die Stadt führt, riskiert eine hohe Geldstrafe.

08: Nachts kein Alkohol zum Mitnehmen

Zwischen 23 Uhr und 7 Uhr ist es in vielen Vierteln verboten, Alkohol in Glasflaschen zu verkaufen. So sollen nächtliche Partyexzesse eingedämmt werden.

09: Kein Essen in historischen Zonen

Pizza auf der Spanischen Treppe oder ein Sandwich auf dem Pantheonplatz? Verboten! An vielen historischen Orten darf man nicht essen - das soll Müll und Flecken auf den Denkmälern verhindern.

10: Selfie-Sticks in Museen verboten

In vielen Museen und an Orten wie dem Kolosseum sind Selfie-Sticks verboten. Grund? Sie sind nervig, gefährlich und nehmen anderen Besuchern die Sicht.

11: Kein Haustier ohne Mikrochip

In Rom müssen Hunde und Katzen einen Mikrochip haben. Wer seinen Hund ohne Anmeldung erwischt wird, kann mit einer saftigen Geldstrafe rechnen.

12: Kein Rauchen in Kinderspielplätzen

In Rom darf man nicht auf Kinderspielplätzen oder in Parks für Kinder rauchen. Verstöße kosten bis zu 500 Euro - eine teure Zigarette.

13: KEIN LAUTES MUSIZIEREN OHNE GENEHMIGUNG

Straßenmusiker brauchen eine Erlaubnis, um in beliebten Touristengebieten zu spielen. Wer einfach mit der Gitarre loslegt, kann schnell weggeschickt werden - oder muss eine Strafe zahlen.

14: KEINE HIGH HEELS IN ANTIKEN RUINEN

An einigen Orten, wie in Ostia Antica, sind High Heels nicht erlaubt - um die antiken Pflastersteine zu schützen und Unfälle zu vermeiden.

15: KEINE GROSSE GRUPPE AUF DER SPANISCHEN TREPPE

Gruppen dürfen auf der Spanischen Treppe nicht pausieren oder sich hinsetzen. Wer zu lange stehen bleibt, wird von Ordnungshütern freundlich, aber bestimmt weitergeschickt.

Feste in Rom

01: NATALE DI ROMA – ROMS GEBURTSTAGSPARTY

Am 21. April feiert Rom seinen offiziellen Geburtstag – angeblich wurde die Stadt 753 v. Chr. gegründet. Es gibt historische Umzüge, Gladiatorenkämpfe und Feuerwerke, um die Ewige Stadt gebührend zu ehren.

02: FESTA DE NOANTRI – DAS FEST DER RÖMER

Im Stadtteil Trastevere findet jedes Jahr im Juli das Festa de Noantri statt – ein Straßenfest mit Live-Musik, Prozessionen und traditionellen Speisen, das die römische Volkskultur feiert.

03: EPIFANIA – DIE HEXE BRINGT GESCHENKE

Am 6. Januar bringt nicht der Weihnachtsmann, sondern die Hexe „Befana" den Kindern Geschenke. Auf der Piazza Navona gibt es dazu einen Weihnachtsmarkt, auf dem traditionelle Süßigkeiten verkauft werden.

04: CARNEVALE ROMANO – FASCHING AUF RÖMISCH

Rom hat seinen eigenen Karneval! Früher fanden Pferderennen auf der Via del Corso statt, heute gibt es kostümierte Umzüge, Maskenbälle und Straßenkünstler, die die Stadt in ein buntes Spektakel verwandeln.

05: OSTERPROZESSIONEN IM VATIKAN

Ostern ist in Rom riesig - besonders die Karfreitagsprozession mit dem Papst am Kolosseum ist ein emotionales Highlight. Tausende Pilger aus aller Welt kommen, um den Segen des Papstes zu empfangen.

06: LA NOTTE BIANCA – ROMS SCHLAFLOSE NACHT

Während der „Weißen Nacht" bleibt Rom wach: Museen, Galerien und Geschäfte sind bis tief in die Nacht geöffnet, es gibt kostenlose Konzerte und Straßenfeste - ein magisches Erlebnis für Nachtschwärmer.

07: FESTA DELLA REPUBBLICA - NATIONALFEIERTAG

Am 2. Juni feiert Italien seinen Nationalfeiertag mit einer großen Militärparade auf der Via dei Fori Imperiali. Der Präsident legt einen Kranz am Grab des unbekannten Soldaten nieder.

08: FERRAGOSTO - GANZ ROM FLIEHT ANS MEER

Am 15. August ist Ferragosto - ein Feiertag, an dem die Römer die Stadt verlassen und ans Meer oder in die Berge fahren. Wer in Rom bleibt, erlebt eine fast leere Stadt mit geschlossenem Geschäften.

09: SAN GIOVANNI - DAS FEST MIT DEN SCHNECKEN

Am 24. Juni feiern die Römer San Giovanni, das Fest zu Ehren Johannes des Täufers. Früher war es Brauch, Schnecken zu essen, weil ihre Spiralen böse Blicke abwenden sollten. Heute gibt es mehr Feuerwerke als Schnecken.

10: ROM BRENNT AM PETER-UND-PAUL-TAG

Am 29. Juni, dem Tag der Stadtheiligen Petrus und Paulus, gibt es ein riesiges Feuerwerk über dem Tiber. Traditionell wird dieser Tag mit Messen und Prozessionen gefeiert.

11: FESTA DELLA MADONNA DELLA NEVE

Am 5. August gibt es am Pantheon ein künstliches Schneewunder - es wird weiße Blütenpracht vom Dach geworfen, um ein altes Wunder zu feiern, bei dem es im Jahr 352 n. Chr. mitten im Sommer schneite.

12: VINÒFORUM - DAS GROSSE WEINFEST ROMS

Jedes Jahr im Herbst versammelt sich Italiens Wein-Elite in Rom zum Vinòforum. Hier kann man Hunderte Weine aus der ganzen Region probieren - mit Blick auf die schönsten Plätze der Stadt.

13: ROMAEUROPA FESTIVAL - KUNST OHNE GRENZEN

Das Romaeuropa Festival im Herbst bringt Theater, Tanz, Musik und digitale Kunst in die Ewige Stadt. Es ist eine der wichtigsten Kulturveranstaltungen Italiens mit internationalen Künstlern.

14: WEIHNACHTSMARKT AUF DER PIAZZA NAVONA

Im Dezember verwandelt sich die Piazza Navona in einen Weihnachtsmarkt mit Karussells, Ständen und Straßenkünstlern. Hier kann man die Magie Roms zur Weihnachtszeit erleben.

15: MARATONA DI ROMA - LAUFEN DURCH ROM

Der Rom-Marathon führt Läufer an den größten Sehenswürdigkeiten vorbei - vom Kolosseum bis zum Petersdom. Wer hier mitläuft, kann Geschichte buchstäblich auf Schritt und Tritt erleben.

Jetzt reicht es aber mit Fakten, oder?
Ich bin gespannt, welche Dinge du
dir auch langfristig merken wirst...
Es ist Zeit für ein Spaß-Quiz!
Bist du bereit?

01: WAHR ODER FALSCH?

Rom hat eine eigene Pyramide, die fast 2.000 Jahre alt ist und mitten in der Stadt steht.

Die Antwort findest du im letzten Kästchen

02: WAHR ODER FALSCH?

Die U-Bahn in Rom ist eine der ältesten Europas und wurde bereits im 19. Jahrhundert eröffnet.

Die Antwort findest du im letzten Kästchen

03: WAHR ODER FALSCH?

Es gibt ein Schlüsselloch in Rom, durch das man direkt auf den Petersdom blicken kann.

Die Antwort findest du im letzten Kästchen

04: WAHR ODER FALSCH?

Rom hat eine Straße, die offiziell als kürzeste Straße Italiens gilt und nur wenige Meter lang ist.

Die Antwort findest du im letzten Kästchen

05: WAHR ODER FALSCH?

Das Kolosseum wurde einst als gigantisches Schwimmbad genutzt, bevor es zur Gladiatorenarena umfunktioniert wurde.

Die Antwort findest du im letzten Kästchen

ZEIT FÜR ANTWORTEN...

01: Wahr! Die Cestius-Pyramide wurde um 12 v. Chr. erbaut.
02: Falsch! Die römische Metro gibt es erst seit 1955.
03: Wahr! Das Buco di Roma befindet sich auf dem Aventin-Hügel.
04: Wahr! Die Via dei Sediari misst nur etwa 10 Meter.
05: Falsch! Es wurden aber gelegentlich Seeschlachten nachgestellt.

Das hat Spaß gemacht, oder? Danke, dass du so fleißig mitgemacht hast. Ich habe noch eine Kleinigkeit für dich: In den nächsten Seiten erwartet dich ein Reisetagebuch, falls du in Zukunft nach Rom verreist. Ich will nämlich sichergehen, dass du nichts von deiner Reise vergisst...

Tag 01 von 14

Datum:

Wetter

☐ ☐ ☐ ☐ ☐ ☐

Das darf ich heute nicht vergessen:

Meine heutigen Reiseziele:

☐

☐

☐

☐

☐

☐

Tag 01 von 14

Datum:

Was habe ich heute gegessen?

Wofür bin ich heute dankbar?

Mein Highlight des Tages

Wie schön war dein Tag? ☆☆☆☆☆

Tag 02 von 14

Datum:

Wetter

☐ ☐ ☐ ☐ ☐ ☐

Das darf ich heute nicht vergessen:

Meine heutigen Reiseziele:

☐

☐

☐

☐

☐

☐

Tag 02 von 14

Datum:

Was habe ich heute gegessen?

Wofür bin ich heute dankbar?

Mein Highlight des Tages

Wie schön war dein Tag? ☆☆☆☆☆

Tag 03 von 14

Datum:

Wetter

☐ ☐ ☐ ☐ ☐ ☐

Das darf ich heute nicht vergessen:

Meine heutigen Reiseziele:

- ☐
- ☐
- ☐
- ☐
- ☐
- ☐

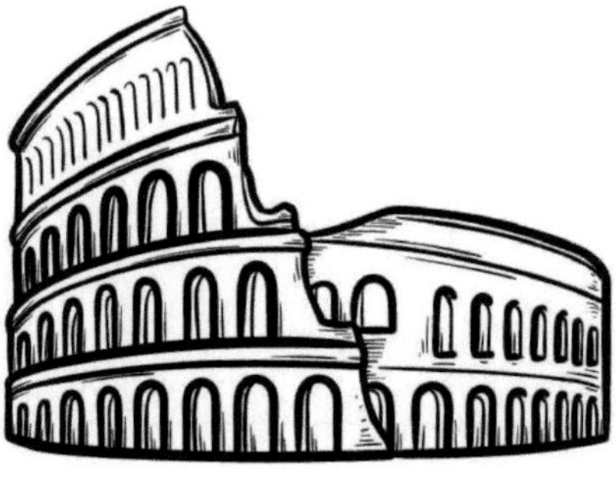

Tag 03 von 14

Datum:

Was habe ich heute gegessen?

Wofür bin ich heute dankbar?

Mein Highlight des Tages

Wie schön war dein Tag? ☆☆☆☆☆

Tag 04 von 14

Datum:

Wetter

☐ ☐ ☐ ☐ ☐ ☐

Das darf ich heute nicht vergessen:

Meine heutigen Reiseziele:

☐

☐

☐

☐

☐

☐

Tag 04 von 14

Datum:

Was habe ich heute gegessen?

Wofür bin ich heute dankbar?

Mein Highlight des Tages

Wie schön war dein Tag? ☆☆☆☆☆

Tag 05 von 14

Datum:

Wetter

☐ ☐ ☐ ☐ ☐ ☐

Das darf ich heute nicht vergessen:

Meine heutigen Reiseziele:

☐

☐

☐

☐

☐

☐

Tag 05 von 14

Datum:

Was habe ich heute gegessen?

Wofür bin ich heute dankbar?

Mein Highlight des Tages

Wie schön war dein Tag? ☆☆☆☆☆

Tag 06 von 14

Datum:

Wetter

☐ ☐ ☐ ☐ ☐ ☐

Das darf ich heute nicht vergessen:

Meine heutigen Reiseziele:

☐

☐

☐

☐

☐

☐

Tag 06 von 14

Datum:

Was habe ich heute gegessen?

Wofür bin ich heute dankbar?

Mein Highlight des Tages

Wie schön war dein Tag? ☆☆☆☆☆

Tag 07 von 14

Datum:

Wetter

☐ ☐ ☐ ☐ ☐ ☐

Das darf ich heute nicht vergessen:

Meine heutigen Reiseziele:

☐

☐

☐

☐

☐

☐

Tag 07 von 14

Datum:

Was habe ich heute gegessen?

Wofür bin ich heute dankbar?

Mein Highlight des Tages

Wie schön war dein Tag? ☆☆☆☆☆

Tag 08 von 14

Datum:

Wetter

☐ ☐ ☐ ☐ ☐ ☐

Das darf ich heute nicht vergessen:

Meine heutigen Reiseziele:

- ☐
- ☐
- ☐
- ☐
- ☐
- ☐

Tag 08 von 14

Datum:

Was habe ich heute gegessen?

Wofür bin ich heute dankbar?

Mein Highlight des Tages

Wie schön war dein Tag? ☆☆☆☆☆

Tag 09 von 14

Datum:

Wetter

☐ ☐ ☐ ☐ ☐ ☐

Das darf ich heute nicht vergessen:

Meine heutigen Reiseziele:

☐
☐
☐
☐
☐
☐

Tag 09 von 14

Datum:

Was habe ich heute gegessen?

Wofür bin ich heute dankbar?

Mein Highlight des Tages

Wie schön war dein Tag? ☆☆☆☆☆

Tag 10 von 14

Datum:

Wetter

☐ ☐ ☐ ☐ ☐ ☐

Das darf ich heute nicht vergessen:

Meine heutigen Reiseziele:

- ☐
- ☐
- ☐
- ☐
- ☐
- ☐

Tag 10 von 14

Datum:

Was habe ich heute gegessen?

Wofür bin ich heute dankbar?

Mein Highlight des Tages

Wie schön war dein Tag? ☆☆☆☆☆

Tag 11 von 14

Datum:

Wetter

☐ ☐ ☐ ☐ ☐ ☐

Das darf ich heute nicht vergessen:

Meine heutigen Reiseziele:

☐

☐

☐

☐

☐

☐

Tag 11 von 14

Datum:

Was habe ich heute gegessen?

Wofür bin ich heute dankbar?

Mein Highlight des Tages

Wie schön war dein Tag? ☆☆☆☆☆

Tag 12 von 14

Datum:

Wetter

☐ ☐ ☐ ☐ ☐ ☐

Das darf ich heute nicht vergessen:

Meine heutigen Reiseziele:

☐

☐

☐

☐

☐

☐

Tag 12 von 14

Datum:

Was habe ich heute gegessen?

Wofür bin ich heute dankbar?

Mein Highlight des Tages

Wie schön war dein Tag? ☆☆☆☆☆

Tag 13 von 14

Datum:

Wetter

☐ ☐ ☐ ☐ ☐ ☐

Das darf ich heute nicht vergessen:

Meine heutigen Reiseziele:

☐

☐

☐

☐

☐

☐

Tag 13 von 14

Datum:

Was habe ich heute gegessen?

Wofür bin ich heute dankbar?

Mein Highlight des Tages

Wie schön war dein Tag? ☆☆☆☆☆

Tag 14 von 14

Datum:

Wetter

☐ ☐ ☐ ☐ ☐ ☐

Das darf ich heute nicht vergessen:

Meine heutigen Reiseziele:

☐

☐

☐

☐

☐

☐

Tag 14 von 14

Datum:

Was habe ich heute gegessen?

Wofür bin ich heute dankbar?

Mein Highlight des Tages

Wie schön war dein Tag? ☆☆☆☆☆

Hier hast du die Möglichkeit alles festzuhalten, wofür bisher kein Platz war. Du könntest eine Briefmarke einkleben, ein Bild malen oder deinem zukünftiges Ich eine Nachricht hinterlassen...

SCHLUSS

Du bist nun am Ende dieses Buches über unnützes Wissen rund um Rom angekommen. Wir hoffen, dass du beim Lesen viele überraschende und kuriose Fakten entdeckt hast!

Bestimmt musstest du hin und wieder schmunzeln oder hast staunend den Kopf geschüttelt. Vielleicht hast du schon angefangen (wie es bei Klugscheißern üblich ist), dein neu erworbenes Wissen mit Freunden oder Familie zu teilen - und sie damit zum Lachen oder Nachdenken gebracht.

Ob du nun Lust bekommen hast, Rom mit anderen Augen zu sehen oder sogar eine Reise zu planen - das Wichtigste ist, dass du Spaß hattest! Und wer weiß, vielleicht wirst du eines Tages mit genau einem dieser „unnützen" Fakten bei einem Quiz glänzen können. Bis dahin!

FEHLER ENTDECKT?
IMMER HER DAMIT!

Bei der Recherche zu diesem Rom-Buch wurde viel Herzblut investiert - und nicht wenig Kaffee getrunken. Dennoch: Auch sorgfältig recherchierte Zeilen sind nicht vor kleinen Ausrutschern sicher. Vielleicht hat sich irgendwo eine veraltete Quelle versteckt oder eine Dopplung eingeschlichen.

Sag uns gern Bescheid, wenn dir was aufgefallen ist! Eine kurze Mail an josefakan.kdp@gmail.com genügt - und wir schauen uns das direkt an! So hilfst du nicht nur uns, sondern auch allen anderen leidenschaftlichen Lesern, noch ein bisschen schlauer zu werden. Danke - du bist ein echter Faktenfreund! 😊

Simon Voss
Autor wird vertreten durch:
Josef Akan
Auf der Höhe 6
33378 Rheda-Wiedenbrück

Dieses Buch wurde in Übereinstimmung mit den GPSR-Richtlinien der EU zur Sicherheit von Produkten erstellt.

Die Verordnung über die allgemeine Produktsicherheit ist der aktualisierte Rahmen der Europäischen Union, um sicherzustellen, dass alle Verbraucherprodukte, einschließlich Bücher, für Verbraucher sicher sind.

Dieses Buch wurde von Libri Plureos GmbH gedruckt. Der Drucker hat Sicherheitszertifikate für die verwendeten Materialien wie Tinte, Papier und Kleber ausgestellt.

Die Produktkennung ist: 9789403800066

Der Autor ist für den Inhalt des Buches verantwortlich und hat das Buch von Bookmundo produzieren lassen.

Sollten Sie Fragen zur Sicherheit des Produkts haben, kontaktieren Sie uns bitte.

Bookmundo
Delftsestraat 33
3013AE Rotterdam
Die Niederlande
info@bookmundo.com